Perpignan, 1828.

V

ARTICLES

EXTRAITS

DE

L'ORDONNANCE

DU

SERVICE DES PLACES,

DE 1768,

POUR L'INSTRUCTION

DES SOUS-OFFICIERS.

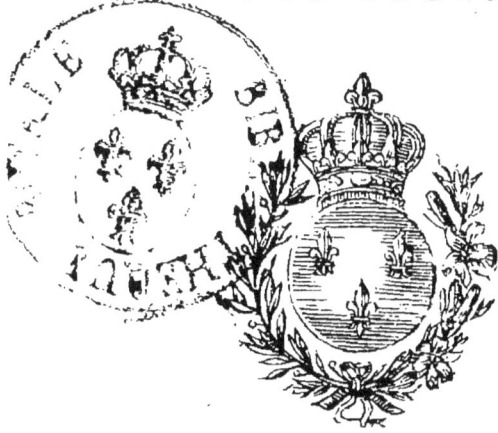

A PERPIGNAN,

Chez J. Alzine, Imprimeur du ROI, et de S. A. R. Monsieur.

1824.

DES SOUS-OFFICIERS.

TITRE X.

Demande. Dans quel ordre les gardes doivent-elles marcher, soit en allant de la Place d'armes à leurs postes, soit en revenant de leurs postes au Quartier ?

Réponse. Elles marcheront au pas de route en portant l'arme au bras; les officiers ou sous-officiers qui les conduiront, leur feront observer le plus grand silence et le plus grand ordre.

TITRE XI.

D. Que doit faire le commandant d'une garde, lorsqu'il approche du poste qu'il doit relever ?

R. Faire porter les armes à la troupe qu'il commande, et ordonner à son tambour de battre aux champs.

D. Que doit faire le commandant de l'ancienne garde ?

R. Lui faire prendre aussitôt les armes, et la ranger de manière qu'elle laisse sur sa gauche le terrain nécessaire pour que la nouvelle garde puisse se former.

D. S'il est gêné par le terrain, où doit-il placer sa garde ?

R. Il la fera mettre en bataille en avant, et en face du corps-de-garde, de manière que la nouvelle garde puisse se former entre sa garde et ledit corps-de-garde: s'il a un tambour, il fera battre aux champs.

D. *De quelle manière doit-on disposer les rangs d'une garde ?*

R. Mettre sur un rang celle qui n'est composée que de six hommes, sur deux rangs celle qui est composée de douze, et sur trois celle qui est composée de dix-huit et au-dessus.

D. *Quelles précautions doit prendre le commandant d'une garde pour ne pas se dégarnir tout-à-la-fois de son feu ?*

R. Il doit partager sa garde en deux ou quatre divisions, de quelque nombre d'hommes qu'elle soit composée.

D. *Quelle place doit occuper le commandant d'un poste ?*

R. S'il est officier, il se mettra au centre de sa garde; et s'il est sous-officier, il se placera au flanc droit, à la hauteur du premier rang, de même que le tambour.

D. *Dans quel ordre les gardes doivent-elles se former, lorsqu'elles prennent les armes, ou qu'elles se montrent hors du corps-de-garde ?*

R. Elles se formeront toujours sur un, deux ou trois rangs, à proportion du nombre d'hommes dont elles seront composées; l'officier au centre, le sergent ou caporal à la droite, ainsi que le tambour.

D. *Lorsque la nouvelle garde est arrivée au poste, et s'est mise en bataille, que doivent faire les officiers et sergens des deux gardes ?*

R. Ils doivent s'avancer les uns vers les autres, et ceux de la garde descendante donner la consigne aux autres.

D. *Que doit faire ensuite le commandant de la garde montante ?*

R. Ordonner au premier caporal, nommé caporal de consigne, d'aller prendre possession du corps-de-garde. Si le poste est commandé par un caporal, il sera en même-temps caporal de consigne.

D. *Quel est le premier devoir du caporal de consigne de la nouvelle garde ?*

R. De visiter avec celui de l'ancienne garde, le corps-de-garde, tables, vitres, fallots, guérites, et toutes autres choses consignées, pour voir si elles sont en bon état et rendre compte au commandant de la place, en cas de dégradation.

D. *Quelle peine encourt un caporal de consigne, lorsqu'il se trouve des dégradations ?*

R. Celle de la prison, lorsque les choses dégradées lui ont été consignées.

D. *Que doit faire le commandant de la nouvelle garde, tandis que son caporal de consigne visite le corps-de-garde ?*

R. Il doit faire l'inspection des armes.

D. *Lorsqu'il se trouve plusieurs caporaux dans un même poste, comment doivent-ils arranger leur service ?*

R. Ils doivent partager entr'eux le temps de leur garde, en sorte qu'ils aient un service égal à faire, soit de jour soit de nuit.

D. *Comment les caporaux doivent-ils régler le temps de la garde des soldats ?*

R. De manière qu'ils aient autant d'heures de faction à faire les uns que les autres; et lorsque le partage ne pourra se faire également, le sort en décidera.

D. *Comment s'appelle le caporal chargé de poser les sentinelles ?*

R. Il s'appelle caporal de pose.

D. *De qui le caporal de pose doit-il prendre la consigne ?*

R. Du caporal qui aura fait la pose précédente, et ils iront ensemble relever les anciennes et poser les nouvelles sentinelles.

D. *Un caporal commandant un poste peut-il se faire aider par quelqu'un, pour poser et relever les sentinelles ?*

R. Il peut se faire aider par le plus ancien soldat.

D. *Lorsque le caporal de consigne aura achevé la visite du corps-de-garde, et en aura rendu compte au commandant de sa garde, que doit faire ce commandant ?*

R. Le commandant de la garde montante désignera alors les sentinelles de la première pose, et leur fera le commandement : PREMIÈRE POSE EN AVANT.

D. *Qu'est-ce que le caporal de pose et les sentinelles désignées feront à ce commandement ?*

R. Ils formeront un rang en avant de la garde, et seront numérotés par ledit caporal qui, lorsqu'il en aura reçu l'ordre du commandant du poste, ira avec le caporal de la garde descendante, poser et relever les sentinelles.

D. *La garde se trouvant partagée en plusieurs divisions, quelles sont celles qui doivent fournir les premières sentinelles ?*

R. Les différentes poses doivent être fournies sur toutes les divisions du poste, de manière que s'il y a deux divisions et deux sentinelles à poser, chaque division doit en fournir une; s'il y a quatre divisions et cinq sentinelles à poser, la première division en fournit deux, et les trois dernières chacune une.

D. *Que doivent faire les commandans des deux gardes pendant qu'on posera et qu'on relevera les sentinelles ?*

R. Ils doivent visiter ensemble les avenues du poste; et celui qui relevera, prendra de l'autre les éclaircissemens nécessaires sur les consignes et sur le service de son poste.

D. *Que doivent faire les sergens ou caporaux qui ont été détachés de la garde ?*

R. La rejoindre dès qu'ils auront été relevés, rendre compte à leur retour au commandant de la garde, et faire devant lui l'appel des soldats qui auront été détachés avec lui.

D. *Que doit faire le commandant de l'ancienne garde, lorsque les petits postes séparés et les sentinelles l'ont rejoint ?*

R. Les faire rentrer dans le rang, se mettre en marche, tambour battant, et lorsqu'il sera à environ cinquante pas du poste, il fera remettre la baïonnette, porter le fusil au bras; et s'il est officier, il ordonnera au plus ancien sergent ou caporal de ramener au pas de route la troupe au quartier.

D. *Si la garde descendante est commandée par un sous-officier, que doit-il faire en descendant la garde ?*

R. Il la descendra dans le même ordre, et la reconduira lui-même au quartier du régiment, sous peine de prison.

D. *Que doit faire le commandant de la nouvelle garde, après le départ de l'ancienne ?*

R. Faire battre aux champs, et lorsqu'elle est à quelque distance, faire faire DEMI-TOUR A DROITE, et ensuite PRÉSENTER LES ARMES, pour les placer par divisions au ratelier.

D. *La garde étant entrée dans le corps-de-garde, que doit faire le commandant ?*

R. Il ira visiter ses sentinelles, lira avec soin les consignes générales et particulières données à son poste, et instruira ensuite les sergens et caporaux de tout ce qu'ils auront à faire.

D. *Que doivent faire les caporaux revenus de la première pose ?*

R. Ils enverront chercher par les soldats qu'ils feront tirer au sort pour cette corvée, le bois, le charbon et les chandelles qui devront être fournis pour le corps-de-garde.

D. *Comment les soldats doivent-ils faire cette corvée ?*

R. Ils doivent la faire en veste et en bonnet, conservant leur giberne pour marque de service.

D. *Les soldats peuvent-ils porter le bois ou le charbon sur leurs épaules ?*

R. Non, devant y avoir toujours dans chaque poste un brancard, brouette ou panier destiné à cet usage.

D. *Un commandant de poste peut-il s'absenter de son corps-de-garde sous quelque prétexte que ce soit ?*

R. Non, il est obligé d'y rester et d'y faire ses repas.

D. *Peut-il quitter son hausse-col, épée ou sabre?*

R. Non, il doit les garder durant tout le temps de sa garde.

D. *Peut-il faire apporter quelque meuble, comme lit, fauteuil, au corps-de-garde ?*

R. Non, il ne le peut.

D. *Peut-il jouer dans son corps-de-garde ?*

R. Il lui est défendu d'y jouer et d'y laisser jouer.

D. *Peut-il donner à manger à quelqu'un dans son corps-de-garde ?*

R. Il ne peut donner à manger qu'à ceux qui sont de garde avec lui.

D. *A quoi doit se porter principalement l'attention d'un officier ou sous-officier commandant un poste ?*

R. Il doit veiller pendant sa garde sur les soldats de sa garde, pour leur faire remplir leur devoir ; et il se promènera souvent au-dehors de son poste, afin de mieux voir ce qui s'y passera.

D. *Combien d'appels doit faire un commandant de poste ?*

R Il doit faire l'appel toutes les fois qu'on relèvera les sentinelles, et plus souvent s'il le juge à propos.

D. *Que doit faire un commandant de poste pour habituer les soldats de sa garde à se former promptement ?*

R. Il fera sortir sa garde, quand il le jugera nécessaire, avec armes ou sans armes ; il punira les paresseux, de même que ceux qui n'observeront pas sous les armes l'immobilité et le plus grand silence.

D. *Un commandant de poste peut-il permettre à quelque soldat de s'en écarter ?*

R. Non , sous quelque prétexte que ce soit , leurs camarades devant leur apporter à manger.

D. *Quelle punition peut infliger le commandant d'une garde aux soldats qui sont en faute ?*

R. Si la faute est ordinaire , il peut leur faire faire les corvées de la garde ; et dans les fautes graves , il doit les faire arrêter et en faire rendre compte au commandant de la place.

D. *Si une sentinelle tombe dans une faute grave, que doit faire le commandant du poste ?*

R. La faire relever , arrêter , et en rendre compte sur-le-champ au commandant de la place.

D. *Par ordre de qui un soldat de garde peut-il être arrêté ?*

R. Nul soldat de garde ne peut être arrêté, par qui que ce soit , sans la participation du commandant de son poste.

D. *Quelle peine est prononcée par l'ordonnance contre un officier ou sous-officier qui insulterait ou frapperait une sentinelle ?*

R. Il leur est défendu d'insulter ou frapper une sentinelle , sous peine d'être cassés.

D. *Combien de temps une sentinelle doit-elle rester en faction ?*

R. Deux heures , et pendant les fortes gelées une heure, lorsque le commandant de la place en avertira à l'ordre.

D. *Que doit faire le caporal de pose avant d'aller relever ?*

R Présenter les sentinelles au commandant du poste.

D. *Que fera pour lors le commandant du poste ?*

R. Il les fera mettre en haie , et s'assurera si leurs armes sont bien amorcées et garnies de pierres bien assujetties.

D. *Quelle précaution doit encore prendre le commandant, avant le départ des sentinelles ?*

R. Il doit régler les lieux où chacune d'elles devra être posée , faire mettre les plus vieux soldats devant les armes et aux postes avancés ; et les soldats de recrue dans les postes voisins du corps-de-garde , afin que les officiers ou sous officiers soient à portée de les instruire de leurs devoirs.

D. *Dans quel ordre un caporal de pose allant relever doit-il conduire ses sentinelles ?*

R. Il doit porter l'arme sur le bras droit , et faire porter les armes à ses sentinelles , qui le suivront sur un ou deux rangs.

D. *Un caporal peut-il permettre aux sentinelles qu'il va poser , de prendre le chemin le plus court , pour aller l'attendre au lieu où elles doivent être mises en faction ?*

R. Non , les sentinelles qu'il va poser , et celles qu'il aura relevées , doivent le suivre dans tout le cours de la pose.

D. *Par quelle sentinelle le caporal de pose doit-il commencer à relever ?*

R. Par celle qui est devant les armes , qui seule ne sera pas tenue de le suivre : il ira ensuite aux plus éloignées , qui prendront rang derrière lui, à mesure qu'elles seront relevées,

D. *Que doit faire le caporal de pose, lorsqu'il approche du poste où il doit relever une sentinelle ?*

R. Il doit faire arrêter à six pas de poste de la sentinelle qu'il doit relever, tous les soldats qui le suivent ; faire avancer seulement celui qu'il doit mettre en faction, le placer à la gauche de celui qui doit être relevé, et leur faire les commandemens de A DROITE ET A GAUCHE, et PRÉSENTEZ VOS ARMES.

D. *Que feront les deux sentinelles après avoir exécuté ces commandemens ?*

R. Elles donneront la consigne en présence du caporal, qui seul doit être à portée de l'entendre.

D. *Que doit faire le caporal de pose lorsque la consigne est donnée ?*

R. Il fera le commandement de PORTEZ VOS ARMES, et celui de MARCHE : après quoi il ira rejoindre, avec l'ancienne sentinelle, les autres, pour continuer la pose, ou pour retourner au poste.

D. *Quelle attention doit avoir le caporal de pose en relevant ?*

R. Il doit examiner si, dans les guérites ou à côté, il n'y a pas été mis des pierres pour s'asseoir, et si les fenêtres des guérites ne sont pas bouchées, auquel cas il fera ôter lesdites pierres, et déboucher les fenêtres.

D. *Que doit faire le caporal de pose de retour au poste ?*

R. Il doit rendre compte de sa pose au commandant du poste ; et lui représenter les anciennes sentinelles.

D.

(13)

D. *Par qui les sentinelles doivent-elles se laisser relever ?*

R. Elles ne se laisseront jamais relever que par le caporal de pose, et ne recevront de nouvelles consignes que de lui.

D. *Quelles sont les armes d'une sentinelle ?*

R. Un fusil, ayant la bayonnette au bout, sans couvre-platine ni capucine au bassinet : si elle est devant un magasin à poudre, elle aura une hallebarde, et posera ses autres armes dans la guérite.

D. *Comment une sentinelle doit-elle porter ses armes ?*

R. Elle portera l'arme au bras, se reposera dessus, et pourra les porter sous le bras gauche pendant le mauvais temps.

D. *Quels sont les devoirs des sentinelles pendant le temps de leur faction ?*

R. Elles ne doivent jamais quitter leurs armes, pas même dans la guérite ni s'asseoir, lire, chanter, siffler ou parler à personne sans nécessité, ni s'écarter de leur poste à plus de trente pas.

D. *Quelle attention doivent-elles porter particulièrement à ce qui se passe aux environs de leur poste ?*

R. Elles ne doivent pas souffrir qu'il s'y fasse aucune ordure ou dégradation.

D. *Quelle est la punition d'une sentinelle qui se trouve repréhensible sur quelqu'un de ces points, ou qui a manqué à sa consigne ?*

B

R. Elle sera punie conformément aux lois , suivant l'exigence du cas.

D. Lorsqu'une troupe , des officiers de tels régimens qu'ils soient , officiers retirés , viennent à passer devant elle , que doit-elle faire ?

R. S'arrêter , faire face en tête , et porter les armes.

D. Que doit-elle faire lorsque les officiers généraux , le commandant ou l'adjudant de place , et les officiers supérieurs des régimens passent devant elle ?

R. S'arrêter , faire face en tête , et présenter les armes.

D. De quel côté les sentinelles sur le rempart doivent-elles faire face , lorsqu'il passe une troupe , une ronde , ou quelques officiers près d'elle ?

R. Elles feront face aux personnes qui passeront près d'elles , s'arrêteront , porteront ou présenteront leurs armes dans cette position.

D. Les sentinelles doivent-elles rendre les mêmes honneurs pendant la nuit ?

R. Non , elles ne présenteront les armes que lorsque les rondes et les patrouilles passeront pour se mettre en défense.

D. Dans quel temps les sentinelles peuvent-elles se tenir dans leur guérite , soit de jour , soit de nuit ?

R. Pendant le mauvais temps seulement.

D. Et même pendant le mauvais temps , les sentinelles ne sont-elles pas obligées de sortir quelquefois de leur guérite ?

R. Elles doivent en sortir toutes les fois qu'elles voient s'approcher d'elles, pendant le jour, un officier général ou supérieur ; pendant la nuit, une troupe telle qu'elle soit.

D. *Lorsqu'une sentinelle verra ou entendra quelque querelle auprès de son poste, que doit-elle faire ?*

R. Elle criera : A LA GARDE.

D *Cet avertissement ayant passé de sentinelle en sentinelle jusqu'au poste, que doit faire le commandant ?*

R. Envoyer plusieurs fusiliers aux ordres d'un sous-officier, pour arrêter les querelleurs.

D. *Si une sentinelle aperçoit quelque incendie ?*

R. Elle doit crier : AU FEU.

D. *Cet avertissement ayant passé de sentinelle en sentinelle jusqu'au poste, que doit faire le commandant ?*

R. Il doit envoyer sur-le-champ un caporal et deux fusiliers, pour voir si le feu est dangereux.

D. *Si le feu paraît dangereux au caporal que doit-il faire ?*

R. Il en préviendra par un de ses fusiliers le commandant du poste.

D. *Que doit faire pour lors le commandant du poste ?*

R. Y envoyer un autre caporal ou appointé avec six hommes, ou plus, suivant la force de sa garde, pour empêcher le désordre, et faciliter les premiers secours.

D. Comment le caporal et les soldats faciliteront-ils le secours ?

R. En ne laissant approcher que ceux qui portent des seaux, des pompes, des échelles, des crocs, ou autres instrumens pour éteindre le feu.

D. Que doit faire encore le commandant du poste en cas d'incendie ?

R. Faire avertir le commandant de la place et le commandant de la place d'armes.

D. Que doit faire alors le commandant de la garde de la place d'armes ?

R. Envoyer sur-le-champ au feu un détachement proportionné à la force de son poste.

D. Jusqu'à quand les détachemens y resteront-ils ?

R. Ils ne se retireront que lorsqu'il sera arrivé d'autres détachemens de la garnison.

D. Que doit faire la sentinelle qui est devant les armes pendant le jour, lorsqu'elle aperçoit un officier général ou le commandant de la place ; et toutes les fois que la garde doit se montrer hors du corps-de-garde, en armes ou sans armes ?

R. Si la garde doit prendre les armes, la sentinelle criera : AUX ARMES. Si la garde doit sortir sans armes, elle criera : HORS LA GARDE.

D. Quelles précautions doivent prendre les sentinelles qui gardent les magasins ?

R. Celle de n'y laisser entrer personne, qu'elle ne soit accompagnée du caporal de leur poste.

D. Qui sont ceux que le caporal peut y laisser entrer ?

R. Seulement ceux qui en auront la permission du commandant du poste.

D. Quelle précaution doit prendre le commandant du poste à cet égard ?

R. Celle d'examiner avec soin si les personnes qui demandent à entrer dans le magasin sont réellement chargées d'en avoir soin.

D. Que doit faire une sentinelle pour ne pas se laisser approcher de trop près ?

R. Elle doit, sur-tout pendant la nuit, faire passer les allans et les venans du côté opposé à celui où elle sera posée, autant que le terrain le permettra.

D. Quel cri doivent employer les sentinelles pendant la nuit, pour s'assurer des personnes qui passent à portée d'elle ?

R. QUI VIVE : elles ne laisseront avancer que ceux qui leur auront répondu de manière à se faire connaître.

D. Que doit faire la sentinelle, si après avoir crié trois fois : QUI VIVE, on continue d'avancer sans répondre ?

R. Elle criera HALTE-LA, et avertira qu'elle va tirer.

D. Si malgré cet avertissement, on continue d'avancer pour vouloir la forcer, que doit-elle faire ?

R. Elle tirera et appellera la garde.

D. Les sentinelles placées sur le rempart, peuvent-elles y laisser passer quelqu'un pendant la nuit ?

B 3

R. Elles n'y doivent laisser passer absolument que les rondes et les patrouilles.

D. Que doit faire la sentinelle qui est devant les armes, lorsqu'elle apercevra une ronde ou une patrouille ?

R. Elle criera : QUI VIVE ; et lorsque cette ronde se sera annoncée pour ce qu'elle est, la sentinelle criera : HALTE-LA, caporal, HORS LA GARDE, patrouille, ronde de commandant, ronde de capitaine, ou telle autre.

D. Que doit faire alors le caporal ?

R. Sortir du corps-de-garde en se faisant éclairer par un soldat et crier : QUI VIVE, en s'avançant vers la sentinelle.

D. Lorsqu'il aura été répondu au caporal, ronde ou patrouille, et de quelle espèce elle est, et qu'il l'aura reconnue que doit-il faire ?

R. Il criera : AVANCE QUI A L'ORDRE, présentera ses armes et recevra le mot ; si le mot est celui qui a été donné à l'ordre, il laissera passer.

D. Quels sont les soldats que les commandant des postes doivent employer pour les ordonnances, rapports ou reconnaissances ?

R. Ils doivent toujours employer les plus intelligens de la garde, et ceux-ci s'en acquitter avec la plus grande diligence et exactitude.

D. Quelles précautions doivent prendre les commandans de garde aux portes concernant les soldats, cavaliers ou dragons autres que la garnison, qui se présentent pour entrer ?

R. Ils doivent se faire présenter leurs congés, faire arrêter ceux qui n'en seront pas munis, et en rendre compte sur-le-champ au commandant de la place.

D. Quels sont leurs devoirs à l'égard des sous-officiers, soldats, cavaliers ou dragons de la garnison ?

R. Ils feront arrêter tous ceux qui se présenteront pour sortir sans une permission dans les formes, ou sans être conduits par des officiers.

D. Quelles précautions doivent-ils prendre à l'égard des étrangers qui se présentent pour entrer dans la place ?

R. Ils ne doivent les laisser entrer que lorsqu'ils auront été interrogés par le consigne de la porte, pour savoir qui ils sont, d'où ils viennent, où ils vont, où ils comptent loger, s'ils doivent rester long-temps dans la place.

D. S'il n'y a point de consigne aux portes, que doivent faire les commandans à l'égard des étrangers ?

R. Ils doivent tenir registre de leurs réponses, et exiger de ces étrangers d'écrire eux-mêmes, autant qu'il sera possible, sur une feuille séparée, leurs noms, qualités, grades, et l'auberge ou maison où ils doivent loger.

D. Où doivent être mises ces feuilles sur lesquelles les étrangers auront fait leur déposition ?

R. Elles doivent être mises dans une boîte placée près de la sentinelle du commandant de la place, destinée à les recevoir, après la fermeture des portes.

D. *Où les commandans de garde aux portes doivent-ils faire conduire les étrangers, lorsqu'ils ont donné leur déposition ?*

R. Ils doivent les faire conduire par un ou deux fusiliers, suivant leur nombre, à l'officier de garde sur la place d'armes.

D. *Que doit faire l'officier commandant cette garde ?*

R. Interroger ces étrangers, et faire conduire chez le commandant de la place, tous ceux qui viennent de terres d'une domination étrangère ou qui y vont.

D. *Si ces étrangers sont d'une certaine considération, doivent-ils aussi être conduits par des fusiliers au corps-de-garde de la place ?*

R. Non, et dans ce cas, au défaut des consignes, les commandans de garde aux portes enverront sur-le-champ un billet, par lequel ils annonceront l'arrivée de ces étrangers, et le lieu où ils devront loger, et le feront porter par un soldat de la garde au commandant de la place.

D. *Que doivent faire les commandans des portes ou autres postes de la place, des citoyens ou soldats faisant du désordre, et arrêtés par leurs sentinelles ou patrouilles ?*

R. Ils doivent les envoyer au poste de la place.

D. *Les commandans des postes avancés doivent-ils laisser entrer les mendians dans la place ?*

R. Non, à moins qu'ils ne soient avoués, ou munis de passeports.

D. *S'i se présente aux portes des tambours ou*

trompettes venant des ennemis , que doit faire le commandant du poste ?

R. Il doit les faire entrer sur-le-champ dans le corps-de-garde de l'avancée, et en rendre compte au commandant de la place.

D. Quelles précautions doivent prendre les commandans de garde aux portes , lorsqu'il se présentera des déserteurs des puissances voisines ou ennemies ?

R. Ils ne doivent laisser parler lesdits déserteurs à qui que ce soit, et les faire conduire aussitôt au commandant de la place.

D. Quelles précautions doivent-ils prendre de plus en temps de guerre , lorsqu'il se présentera desdits déserteurs ?

R. Ils doivent les désarmer avant qu'ils soient conduits dans la place ; et s'ils arrivaient en trop grand nombre, on les ferait rester en dehors de la première barrière , et on en rendrait compte au commandant de la place.

D. Que doit faire la sentinelle de l'avancée lorsqu'elle découvre une troupe ?

R. Elle appellera la garde, qui prendra aussitôt les armes , et elle fermera la première barrière.

D. Que doit faire le commandant du poste , lorsque la troupe sera à environ trois cents pas du glacis ?

R. Il doit l'envoyer reconnaître par un sous-officier avec quatre fusiliers.

D. Que doit faire le sous-officier qui a été détaché pour reconnaître cette troupe ?

R. Il doit s'avancer à trente pas en avant des sentinelles, et lorsqu'il sera à portée de se faire entendre de la troupe, il fera faire HAUT LES ARMES à ses soldats, et criera : QUI VIVE ; lui ayant été répondu : FRANCE, il criera : DE QUEL RÉGIMENT ; et quelque réponse qui lui soit faite, il criera : HALTE-LA.

D. Si après avoir crié trois fois : HALTE-LA, *la troupe continue de s'avancer, que doit faire le sous-officier ?*

R. Il fera faire feu sur elle, se retirera derrière la première barrière qu'il fermera, et y tiendra ferme.

D. Que doit faire pendant ce temps-là l'officier de garde ?

R. Il fera promptement lever les ponts, et détachera la moitié de sa garde sur le rempart pour faire feu et protéger son avancée.

D. Si la troupe au contraire s'arrête, que fera le sous-officier ?

R. Il s'avancera seul pour la reconnaître encore de plus près, et menera le commandant de ladite troupe au commandant de son poste.

D. Que doit faire alors le commandant dudit poste ?

R. Examiner lui-même le commandant de la troupe qui veut entrer, le garder à son poste, tandis qu'il rendra compte par écrit au commandant de la place.

D. Le commandant du poste ayant examiné lui-même le commandant de la troupe, peut-il le laisser entrer ?

R. Non, la troupe arrivante doit rester toujours arrêtée en dehors de la première barrière, jusqu'à ce que le commandant de la place, envoie pour la faire entrer, un adjudant de la place, ou un ordre par écrit.

D. *Pendant que la troupe attend l'ordre pour entrer, le commandant du poste peut-il faire rentrer sa garde ?*

R. Non, il doit la tenir sous les armes jusqu'à ce que la troupe soit passée.

D. *Quelles précautions doivent prendre les commandans aux portes, à l'égard des voitures couvertes qui se présenteront pour entrer dans la place ?*

R. Si elles paraissent suspectes, elles doivent être visitées par le consigne de la porte, avec un caporal et quelques fusiliers, pour examiner si elles ne renferment rien qui tende à surprise.

D. *Si quelque chariot vient à casser, sur les ponts, que doit faire le commandant du poste ?*

R. Il doit aussitôt faire lever les autres ponts, et faire prendre les armes à sa garde jusqu'à ce que ledit chariot ait été retiré.

D. *Que doivent faire les caporaux de pose, lorsque les portes auront été fermées ?*

R. Ils poseront les sentinelles d'augmentation pour la nuit, les instruiront avec exactitude de ce qu'elles auront à faire, et visiteront les autres sentinelles pour leur faire répéter leur consigne.

D. *Quand et par qui les commandans des postes de l'intérieur de la place doivent-ils envoyer prendre le mot au cercle sur la place d'armes ?*

R. Ils enverront un sous-officier d'abord après la fermeture des portes; et si le poste est commandé par un sous-officier, ce sera le caporal qui sera chargé d'aller prendre le mot.

D. Comment les postes extérieurs recevront-ils le mot ?

R. Par un adjudant de la place, qui le leur donnera avant la fermeture des portes.

D. Comment le recevront les postes éloignés ?

R. Ils enverront à l'avancée de la porte la plus voisine de leur poste, un sous-officier pour le recevoir dudit adjudant.

D. Que doivent faire les caporaux aussitôt que les portes auront été ouvertes ?

R. Relever les sentinelles d'augmentation, faire nettoyer et balayer le corps-de-garde, le dessous des portes, les pont et les environs de leur poste.

D. Par qui doivent être faites ces corvées ?

R. Par les soldats qui tireront au sort à cet effet.

D. Que doivent faire les caporaux de consigne à neuf heures du matin ?

R. Ils doivent porter chez l'adjudant de la place, les registres et les boîtes de rondes et patrouilles, avec le rapport par écrit, signé du commandant du poste, de tout ce qui aura pu y arriver pendant la nuit ou à l'ouverture des portes.

D. Lorsque lesdites boîtes et registres auront été vérifiés par l'adjudant de la place, où les caporaux de consigne doivent-ils les porter ?

R. Ils les porteront au caporal de consigne de la garde de la place d'armes, et retourneront sur-le-champ à leurs postes.

D.

D. *A quelle heure tous les postes doivent-ils envoyer une ordonnance sur la place d'armes ?*

R. Une heure avant que les gardes défilent.

D. *Que doit faire le commandant d'un poste, en cas d'alarme ?*

R. Il doit faire prendre les armes à sa garde.

D. *Si c'est pendant le jour, et qu'il soit de garde à une porte, que doit-il faire ?*

R. Il fera fermer les barrières, lever les ponts-levis de l'avancée, et en donnera avis au commandant de la place ; il doit se conformer d'ailleurs aux consignes particulières qui auront été données à son poste.

TITRE XII.

De l'ouverture et fermeture des portes.

D. *Que doit faire le commandant de garde à une porte, une heure avant la fermeture ?*

R. Faire monter le tambour sur le parapet du rempart, pour y battre la retraite.

D. *Par qui et quand doit-il envoyer chercher les clefs chez le commandant de la place ?*

R. Une demi-heure après que le beffroi aura sonné, il les enverra chercher par le portier, s'il y en a, et deux soldats armés.

D. *Que feront ces soldats lorsqu'ils auront reçu les clefs de l'adjudant de la place ?*

R. Ils retourneront, sans perdre de temps, à leur poste, faisant marcher entr'eux le portier chargé des clefs.

C

D. Dans les places où il n'y aura point de portier établi, par qui seront portées les clefs ?

R. Elles seront remises à un des deux soldats, qui pour lors sera sans armes, et qui, après les avoir reçues, retournera de même à son poste sans perdre de temps, escorté par l'autre soldat armé.

D. Que doit faire le commandant de garde à l'avancée, tandis qu'on ira chercher les clefs ?

R. Il détachera un sous-officier et quatre fusiliers pour se placer à la première barrière, avec ordre d'examiner encore plus soigneusement que pendant le jour, les personnes qui pourraient s'y présenter.

D. Et si le poste de l'avancée n'est pas assez considérable pour soutenir ce petit détachement ?

R. Ce sera la garde de la porte qui le fournira.

D. Que doit faire le commandant de garde lorsque les clefs arriveront ?

R. Il doit faire prendre les armes à sa garde, et attendra, pour fermer les portes, l'arrivée de l'adjudant de la place.

D. Que doit-il faire lorsque l'adjudant de la place sera arrivé ?

R. Il portera sa garde près de la porte, où il la partagera en double haie, fera présenter les armes, et fera avancer deux fusiliers jusques sur le pont-levis.

D. Ne doit-il pas donner à l'adjudant de la place des fusiliers pour l'escorte des clefs ?

R. Il doit lui en donner deux armés, et d'autres soldats avec leurs armes en bandoulière, pour aider aux manœuvres nécessaires.

D. *Que doit faire le caporal de consigne pendant la fermeture des portes ?*

R. Eclairer avec un falot celui qui fermera les portes.

D. *Que doit faire le commandant du poste, tandis qu'on fermera les portes ?*

R. Il doit s'assurer que les verroux, serrures et cadenats sont effectivement bien fermés.

D. *Que fera le tambour de garde au poste, tandisqu'on fermera les portes ?*

R. Il battra aux champs sur le parapet du rempart.

D. *Si on ouvrait la porte pendant la nuit, le tambour battra-t-il aux champs ?*

R. Non, toute batterie devant cesser depuis la retraite jusqu'au jour, hors le cas d'alarme.

D. *Les portes étant fermées, comment les clefs seront-elles reportées chez le commandant de la place ?*

R. Elles seront reportées dans le même ordre qu'on aura été les chercher.

D. *Que doivent faire les tambours de garde aux portes, avant l'ouverture ?*

R. Au point du jour, ils doivent monter sur le parapet, et y battre la diane.

D. *Que doivent faire les commandans de garde aux portes, une demi-heure avant l'ouverture ?*

R. Envoyer chercher les clefs, et lorsqu'elles arrivent, faire prendre les armes à la garde.

D. *Quelles précautions doivent-ils prendre encore ?*

R. Ils doivent faire monter des sous-officiers sur le rempart pour écouter et découvrir s'il ne se passe rien dans le dehors de la place.

D. *Que doivent faire les commandans de garde, lorsque l'adjudant fera ouvrir les portes ?*

R. Ils doivent faire relever les ponts-levis, et fermer les barrières derrière ledit adjudant, à mesure que celui-ci passe pour arriver à la plus avancée, et les faire ouvrir et baisser à son retour.

D. *Si, lors de cette première ouverture, il se présente des habitans ou autres pour sortir de la place, le commandant du poste peut-il le leur permettre ?*

R. Non, il ne le peut que sur un ordre par écrit du commandant de la place, et il doit faire retirer en dedans, à trente pas du corps-de-garde, tout ce qui se présente pour sortir, jusqu'à ce que les portes soient entièrement ouvertes.

D. *Que doit faire le commandant de l'avancée à l'égard de ceux qui se présentent à la première barrière pour entrer ?*

R. Il doit les faire éloigner à cent pas en dehors jusqu'à ce que les portes soient entièrement ouvertes.

D. *S'il est besoin d'ouvrir les portes durant la nuit, en présence de qui doivent-elles s'ouvrir ?*

R. En présence de l'adjudant de la place, et avec les précautions ci-dessus.

D. *Que doivent faire les commandans des avancées, les jours qu'il fera assez de brouillard pour*

qu'on ne puisse pas découvrir à un certain éloigne-
ment ?

R. Ils doivent redoubler de précautions pour les
reconnaissances. On n'ouvrira pas entièrement les
barrières, que le brouillard ne soit dissipé ; et la
moitié de la garde de l'avancée se relevera alternati-
vement près de la première de ces barrières.

TITRE XIII.

De l'Ordre et du Mot.

D. *Quand est-ce que les sous-officiers doivent
rendre l'ordre aux officiers de leurs compagnies ?*

R. Ils doivent le rendre sur la place d'armes
immédiatement après qu'il a été donné.

D. *Dans le cas où les officiers commandés pour
quelque service ne se trouveraient pas sur la place,
où les fourriers leur rendront-ils l'ordre ?*

R. Les fourriers seront tenus d'aller jusqu'à leur
logement ou leur auberge ; et s'ils ne les trouvent
pas, ils doivent leur laisser par écrit ce qui les
concernera.

D. *De quelle manière, et quand est-ce que
les fourriers doivent donner l'ordre aux caporaux
de leur compagnie ?*

R. Dès que les fourriers seront arrivés au quartier
après l'ordre donné, ils le donneront aux caporaux,
en observant de leur expliquer dans le plus grand
détail tout ce qui aura été dit au grand cercle, et au
cercle particulier ; et ils leur commanderont ce
qu'ils auront à faire en conséquence.

D. *Comment les sous-officiers doivent-ils
donner le mot de l'ordre aux officiers ?*   C 3

R. Ils doivent le donner à l'oreille, le chapeau bas.

TITRE XIV.

De la retraite et des patrouilles de police.

D. *Que doivent faire les sentinelles une heure après la retraite des citoyens ?*

R. Ils ne doivent plus laisser passer personne dans les rues, soit officier ou citoyen qu'il ne porte ou fasse porter du feu devant soi.

D. *Que doivent faire les patrouilles ?*

R. Arrêter toutes personnes qui pourraient avoir quelques débats ou querelles.

D. *Que doivent-elles faire lorsqu'elles trouvent des soldats, cavaliers ou dragons faisant du désordre, ou qui, après la retraite, se trouvent dans les rues ou cabarets, quand même ils n'y feraient point de bruit ?*

R. Elles doivent les arrêter et les conduire au corps-de-garde de la place.

D. *Que doivent-elles faire des citoyens qui seront trouvés dans la rue sans feu ou fesant du désordre ?*

R. Elles les arrêteront aussi, et les conduiront au corps-de-garde de la place, où ils resteront jusqu'au lendemain matin qu'il en sera rendu compte au commandant de la place.

D. *Que doivent faire les commandans des patrouilles, lorsqu'ils trouvent des sentinelles en faute ?*

R. Ils en informeront sur-le-champ le commandant du poste, et le lendemain matin l'adjudant de la place.

D. *Que doivent faire les patrouilles, lorsqu'elles se rencontrent ?*

R. La première qui découvrira l'autre, criera : QUI VIVE ; l'autre répondra PATROUILLE, et de quel régiment. La première s'annoncera ensuite : et si leur chemin est de se joindre, le sous-officier du moins ancien régiment, ou de la moins ancienne compagnie, donnera le mot à l'autre.

TITRE XV.

Des Rondes.

D. *Par qui doivent être tirées au sort les rondes, pour lesquelles sont commandés les officiers, et les sous-officiers ?*

R. Elles seront tirées au sort en même temps, et de la même manière que les postes de la garde, par les sergens-majors des compagnies, desquelles on aura nommé à l'ordre des officiers ou sous-officiers pour les rondes de la nuit suivante.

D. *Qui est-ce qui est chargé de remettre les marrons aux officiers et sous-officiers commandés pour les rondes ?*

R. Ce sont les sergens-majors qui doivent aussi joindre par écrit l'heure à laquelle ils devront faire la ronde, et le poste où ils devront la commencer.

D. *Où les sergens commandés de ronde doivent-ils prendre le mot ?*

R. Au poste d'où ils devront partir pour la commencer, et du sergent qui y est de garde.

D. *Quelles attentions doit avoir un sergent de ronde en signant sur les registres des corps-de-garde ?*

R. Celle de ne point laisser d'intervalle entre son nom et tous les noms de ceux qui ont déjà signé, et d'ajouter l'heure de sa ronde.

D. Quelles attentions doit-il avoir en faisant sa ronde ?

R. Il doit, en suivant exactement le parapet des ouvrages dans lesquels il passera, examiner si les sentinelles sont bien exactes à leur faction, s'il n'y en a point d'endormies, et s'il n'en manque point.

D. Doit-il aussi monter sur le parapet?

R. Il doit y monter de temps en temps pour voir et écouter ce qui se passera dans les dehors de la place.

D. Que doit-il faire lorsqu'il découvre quelque chose qui intéresse la sûreté de la place ?

R. Il doit en avertir sur-le-champ les postes voisins, et se rendre tout de suite chez le commandant de la place pour l'en informer.

D. Que doit-il faire si ce qu'il a découvert n'est que contre le bon ordre et la police ?

R. Il préviendra seulement le commandant du poste le plus voisin, pour qu'il y soit remédié, et en instruira le lendemain l'adjudant de la place.

D. Que doit-il faire à l'égard des sentinelles qu'il aura trouvées en faute ou en négligence ?

R. Il en avertira les commandans des postes.

D. De quelle manière les sous-officiers de ronde doivent-ils donner ou recevoir le mot ?

R. Sans ôter leur chapeau, en mettant la main sur la garde de leur sabre, n'ayant point alors d'autres armes.

D. *Que doivent faire deux rondes qui se ren-contrent ?*

R. Ce qui est prescrit à la dernière réponse du titre XIV, *page* 31, et désigner, après le mot de RONDE, de quelle espèce est cette ronde.

D. *Quelle escorte doit-on donner à un officier général, commandant ou autre, lorsqu'il fait sa ronde ?*

R. Un caporal, quatre fusiliers et un soldat pour le falot : cette escorte sera relevée successivement de poste en poste.

D. *Que doit faire la sentinelle lorsque cette ronde approchera ?*

R. La sentinelle criera : QUI VIVE : et lui ayant été répondu : RONDE DE COMMANDANT OU RONDE de... elle criera : HALTE-LA, et elle avertira ensuite le caporal, en criant : CAPORAL, HORS LA GARDE, RONDE DE COMMANDANT, ou de.....

D. *Que fera pour-lors le caporal ?*

R. Il avertira aussitôt le commandant du poste, qui fera prendre les armes à toute la garde, et la formera dans le même ordre qu'elle doit être disposée pendant le jour.

D. *Que doit faire ensuite le commandant du poste ?*

R. Après avoir fait reconnaître la ronde, il s'avancera à dix pas de sa garde, éclairé par le caporal de consigne, et escorté par quatre fusiliers qui feront HAUT LES ARMES, et marcheront deux pas en arrière.

D. *Que doit-il faire après s'être ainsi annoncé ?*

R. Il criera : AVANCE A L'ORDRE : et lorsque celui qui fera la ronde se sera approché, il lui donnera le mot, en mettant la main sur la garde de son sabre ou de son épée, après quoi, il renouvellera l'escorte, et rendra compte à l'officier-général ou autre commandant.

D. *De quelle manière seront reçus les officiers-supérieurs de rondes ?*

R. Quand ils auront répondu au QUI VIVE, ils seront reçus par les postes. comme l'adjudant de la place à la première ronde.

D. *Comment doit-on recevoir l'adjudant de la place, à la première ronde ?*

R. Les commandans des postes feront prendre les armes comme pour la ronde de commandant, mais ils ne s'avanceront que jusqu'à quatre pas de leur garde, et ne seront accompagnés que de deux fusiliers. Ils renouvelleront aussi son escorte qui sera de deux fusiliers et un soldat pour le falot.

D. *Si, après la ronde du commandant, l'adjudant fait une autre ronde, comment doit-il être reçu ?*

R. Comme une simple ronde, et il donnera lui-même le mot au caporal.

TITRE XVI.

Du service des officiers supérieurs des Troupes dans les places.

———

D. *Que doit faire le commandant d'un poste, lorsqu'un officier supérieur de service se présente devant le corps-de-garde ?*

R. Il doit faire sortir les soldats du corps-de-garde, et les former selon que la garde doit être disposée, reposée sur les armes, et se placer lui-même pendant que l'officier supérieur fera l'inspection.

D. *Si cette visite se fait pendant la nuit, de quelle manière doit-on la recevoir ?*

R. Le commandant du poste où doit commencer cette visite, donnera le mot à l'officier supérieur, qui sera reçu à tous les postes, comme le commandant de la place à sa première ronde.

TITRE XVII.

Des honneurs militaires.

D. *Que doit faire le commandant d'une garde, lorsque le Saint-Sacrement passe à la vue de son poste ?*

R. Il doit faire prendre les armes à sa garde, et les faire présenter, faire mettre le genou droit à terre, en faire autant lui-même, et faire battre aux champs. Les officiers, sous-officiers et soldats porteront la main droite au chapeau, et s'inclineront lorsque le Saint-Sacrement passera devant eux.

D. *Par quel poste doit être fournie l'escorte que l'on donnera au Saint-Sacrement ?*

R. Par le premier poste devant lequel il passera.

D. *De combien cette escorte doit-elle être?*

R. De deux ou quatre fusiliers qui seront relevés de poste en poste, et marcheront près du Saint-Sacrement couverts.

D. *Que doit faire une troupe d'infanterie placée sous les armes, devant laquelle le Saint-Sacrement passe ?*

R. Elle présentera les armes, mettra le genou droit en terre ; les porte-drapeaux salueront du drapeau, et les officiers supérieurs de l'épée ; ils mettront ensuite le genou à terre, et porteront la main droite au chapeau, en s'inclinant.

D. *Que doivent faire les sentinelles devant qui passe le Saint-Sacrement ?*

R. Présenter les armes, mettre le genou à terre et porter la main droite au chapeau, en s'inclinant

D. *Lorsque le Saint-Sacrement passe devant une troupe en marche, que doit faire le commandant de cette troupe ?*

R. Il doit faire HALTE, et rendre les honneurs prescrits ci-dessus.

D. *Quels honneurs un commandant de garde doit-il rendre à un lieutenant-général des armées commandant dans le département, ou employé par lettres de service ?*

R. Il doit faire prendre les armes à sa garde, et faire appeler.

D. *A un maréchal de camp, commandant ou employé dans le département ?*

R. Faire prendre les armes, et le tambour prêt à battre, ne battra point.

D. *A un brigadier qui commande dans le département*

R. Faire prendre les armes et se reposer dessus.

D. *Quels honneurs doit-on aux inspecteurs généraux des troupes ?*

R. On leur rendra, pendant le temps de leur inspection seulement, les mêmes honneurs dans les places que s'ils y étaient employés par lettres de service, suivant leur grade.

D. *Quels honneurs doit-on aux directeurs des fortifications ?*

R. Pendant le cours de leurs visites, ils jouiront des mêmes honneurs que les inspecteurs généraux.

D. *Lorsqu'il se trouve en même-temps plusieurs généraux dans une place, que doivent faire leurs gardes lorsqu'ils se visitent ?*

R. Les gardes doivent prendre respectivement les armes, et les tambours battre aux champs.

D. *Quels honneurs le commandant d'une garde doit-il rendre au commandant de la place ?*

R. Si le commandant de la place est officier-général, il fera prendre les armes et reposer dessus ; s'il n'est pas officier-général, il fera sortir sa troupe sans armes.

D

INSTRUCTION

PARTICULIÈRE

POUR LES SERGENS,

Dans l'intérieur de leur compagnie.

————————

D. Comment les sergens doivent-ils se conduire vis-à-vis leurs soldats ?

R. Les sergens doivent s'attacher à inspirer à leurs soldats du respect pour eux; et ce sera par l'exemple qu'ils leur donneront, et par l'exactitude à leurs devoirs, qu'ils leur inspireront de la crainte, et qu'ils gagneront leur estime. Ils doivent être justes, et leur parler avec douceur. Ils ne doivent ni jouer, ni boire avec eux; cette familiarité détruirait la subordination. Ils doivent s'attacher à connaître leurs mœurs, leurs talens, leur capacité et leur intelligence. Ils doivent aussi les empêcher de jurer entr'eux, leur prêcher d'exemple les devoirs que leur prescrit la religion; punir ceux qui parleront mal du service, et qui raconteraient leur désertion passée, ayant l'air de s'en vanter.

Les sergens sont responsables de la discipline, tenue et instruction des sections auxquelles ils sont attachés.

D. *En quoi consiste la bonne discipline ?*

R. En ce que la subordination soit bien établie de grade en grade ; que le soldat regarde son caporal comme son premier chef ; qu'il en soit de même du caporal vis-à-vis le sergent, du sergent vis-à-vis du sergent-major, et du sergent-major vis-à-vis l'officier ; que les sergens fassent servir les caporaux avec la dernière exactitude, se faisant rendre compte par eux de tout ce qui se passera dans les escouades, et les rendant responsables de l'exécution des ordres donnés.

D. *Comment doivent se conduire les sergens vis-à-vis des soldats qu'ils trouvent en faute ?*

R. Ils doivent les punir, mais sans emportement ni humeur ; ils ne doivent ni les injurier, ni se servir de termes qui caractérisent la passion ; ils doivent mesurer les punitions aux fautes, et distinguer ceux qui n'y tombent pas habituellement.

D. *Quelle attention doivent avoir les sergens vis-à-vis des hommes de recrue ?*

R. Après qu'ils auront été reçus par le commandant du régiment, ils doivent les mettre sous la conduite d'un vieux soldat sage ; leur faire lire les ordonnances concernant les crimes et délits militaires ; leur expliquer tous les différens cas, afin qu'ils ne tombent dans aucune faute d'ignorance : les instruire des différens usages du régiment, leur parler sur-tout de l'obéissance respectueuse qu'ils doivent à leurs officiers, sergens et caporaux, dans tout ce qui concerne le service militaire, et les avertir de vivre cordialement avec leurs camarades

D. *Que doivent leur prescrire les sergens quand on leur a livré leur habillement et équipement ?*

R. Ils doivent les instruire du soin qu'ils en doivent prendre, leur faire délivrer le tout en etat, et les prévenir que c'est à eux à les entretenir ; ils doivent faire la visite de leurs hardes, les faire arranger comme celles des autres soldats ; leur faire fournir ce qui peut leur manquer à cet égard ; prendre un état exact de tous leurs effets, et de ce qui peut leur revenir ; veiller à ce que rien ne s'égare.

D. *Quelle doit être l'attention du sergent dans l'intérieur de la chambre ?*

R. Qu'aucun soldat ne change de lit, d'ordinaire, ni de chambrée ; c'est au sergent-major à les placer dans l'un et dans l'autre, après les avoir fait visiter et s'être assuré qu'ils n'ont ni gale ni vermine, et éviter par-là qu'ils ne la communiquent à leurs camarades.

D. *Quel est le devoir du sergent de semaine ?*

R. Il est particulièrement chargé de se trouver à l'ordre, et d'aller avertir les officiers de sa compagnie qui auront été commandés de service. Il doit suppléer le sergent-major pour nommer les soldats de sa compagnie qui en seront, et ne point commander ceux qui sont convalescens, qu'ils ne soient bien rétablis, ni les hommes de recrue, qu'ils ne soient suffisamment instruits ; c'est lui qui doit conduire au rendez-vous les soldats de service. Il doit avant vérifier si chaque soldat est fourni de ce qu'il doit avoir en munitions, outils et ustensiles, si c'est en campagne ; il doit, quand les soldats descendront la garde, retirer les cartouches, pour les rendre au sergent-major. Le caporal de semaine doit le suppléer au besoin.

D. *Combien y a-t-il de tours de service ?*

R. Il y en a six. Le premier pour les détachemens et escortes, et pour la garde des postes exté-

rieurs qui ne se relèvent qu'après un certain nombre de jours.

Le second, pour la garde de la place.

Le troisième, pour les gardes-d'honneur.

Le quatrième, pour les corvées.

Le cinquième, pour les rondes.

Le sixième, pour les détachemens en mer.

D. *Par où doit-on prendre les différens tours de service ?*

R. Le tour de chaque service doit commencer en même temps par la tête et par la queue, afin que les gardes et détachemens soient composés d'anciens et de nouveaux soldats.

D. *Comment doit-on commander le premier et le sixième tour de service, et celui des travailleurs de sièges ?*

R. Par escouade de service que chaque compagnie doit fournir à son tour, pour ces trois tours de service, et aucun soldat ne doit être commandé une seconde fois, que tous les soldats de la même compagnie ne l'aient été.

D. *Qu'est-ce qu'une escouade de service ?*

R. Elle est composée des douze premiers fusiliers à marcher, pris en même temps par la tête et par la queue des compagnies, commandée par un caporal ; elle ne doit jamais être brisée, ni mêlée avec celle des autres compagnies.

D. *Comment doivent être fournis les second, troisième et quatrième tours de service ?*

R. Ils doivent être fournis par un nombre égal de soldats pris sur toutes les compagnies.

D. *Quel est le devoir des sergens de semaine, par rapport à l'ordre ?*

D 3

R. Ils doivent se trouver armés de leurs sabres et gibernes au rendez-vous, ou l'adjudant les rassemblera, ainsi que les caporaux, pour les conduire sur la place où doit se donner l'ordre. Quand on commandera de former le cercle, ils doivent le faire à la course, portant le sabre au bras droit, et les caporaux, quatre pas en arrière. Ils doivent écouter avec attention tout ce qui se dit au cercle, répondre d'une voix haute et distincte quand on nommera quelqu'un de leurs officiers, et écouter l'ordre qui sera donné relativement au service, à la propreté, aux exercices et à la discipline du régiment. Aussitôt que le cercle sera rompu, ils rendront l'ordre aux officiers, et iront rassembler leur compagnie pour le leur rendre, et leur répéter les défenses qui ont été faites.

D. *Quelle attention doivent avoir les sergens commandés pour aller aux distributions ?*

R. Ils doivent faire prendre aux soldats les bonnets de police, leur faire retourner leurs vestes, les faire marcher en ordre en les menant et en les ramenant.

D. *Que doivent observer les sergens quand ils font des rondes et patrouilles ?*

R. Si c'est la nuit, ils doivent prendre garde si les sentinelles ne dorment point, et si elles font leur devoir ; écouter s'ils n'entendent pas du bruit, regarder dans les dehors, le long du parapet, par les guérites, fausses-braies, afin de voir s'ils n'aperçoivent pas quelque chose d'extraordinaire, et informer le commandant du poste de ce qu'ils auront vu.

D. *Que doivent faire les sergens, s'ils sont envoyés dans les cabarets ou ailleurs, pour arrêter quelqu'un ?*

R. Ils doivent se conduire avec dignité, prudence et fermeté, faire cesser le bruit, arrêter ceux qui le font, et cela sans mauvais traitement ni brutalité, ni de leur part, ni de la part de ceux qui sont à leurs ordres; ne pas souffrir qu'on leur enlève, ni qu'on fasse évader les gens qu'ils ont arrêtés, employant en cela la force pour les conserver; ils ne permettront point qu'on boive dans les cabarets après les heures marquées, et empêcheront que les soldats qui sont avec eux acceptent à boire ou de l'argent pour les empêcher de faire leur devoir.

TENUE.

D. Quels sont les devoirs du sergent par rapport à la tenue?

R. Il doit faire de fréquentes inspections pour voir si le soldat est de tout point dans l'état d'arrangement et de propreté convenable, s'en prendre toujours au caporal, quand il ne trouvera pas quelqu'un des soldats de sa subdivision dans l'état où ils doivent être; s'il y a quelque réparation à faire qui soit considérable, il en rendra compte au sergent-major et à l'officier, lorsqu'il viendra faire son inspection. Il doit faire battre au moins deux fois par semaine les habits, et journellement ceux des hommes qui descendent la garde. Il doit veiller à ce qu'aucun soldat ne sorte du quartier sans être tenu de manière à pouvoir paraître. Si malgré cette précaution, il s'en trouvait dans les rues qui ne soient pas dans l'état de propreté ordonnée, il est prescrit à tous sous-officiers de les renvoyer sur-le-champ au quartier, après avoir pris le nom de l'homme et de la compagnie, pour en informer le sous-officier de semaine.

D. *Comment doit-il inspecter un soldat pour qu'aucun objet ne lui échappe ?*

R. Il doit l'inspecter depuis la tête jusqu'aux pieds, il doit voir si le schako est bien brossé, placé droit; il doit avoir les cheveux bien coupés ; le col bien mis, sans qu'il paraisse de chemise ; l'habit toujours agraffé, le pantalon bien remonté, la guêtre enveloppant le cou de pied et le talon, boutonnée bien droit ; que les armes soient bien éclaircies, qu'on n'y aperçoive pas la moindre tache de rouille, la pierre assujettie avec du plomb, et les angles arrondis, la bretelle du fusil plaquée et serrée contre l'arme, la demi-boucle à hauteur de la capucine, toute la buffleterie propre, la giberne luisante, placée à même hauteur, 31 pouces de terre, prise du bas du coffre, l'homme étant debout.

D. *Quelle attention doit avoir le sergent dans son inspection ?*

R. Il doit examiner le soldat très en détail, faire attention à la position du corps et de la tête, voir si elles sont placées uniformément, et si les pieds sont également tournés ; exiger l'exactitude dans le port d'armes ; examiner si le soldat est placé carrément et reste immobile ; il doit le corriger, si c'est négligence ou oubli, et l'exercer au défaut reconnu. Il fera exécuter chaque jour aux soldats de garde quelques mouvemens d'armes, pour s'assurer qu'ils conservent leur position, et que les hommes de recrue savent présenter les armes. Il doit rendre compte à l'officier, quand il vient faire son inspection, de tout ce qui se sera passé de nou-

veau et des réparations à faire, dans le cas où elles
seraient considérables.

EXERCICE.

*D. Quel est le devoir des sergens par rapport à
l'exercice ?*

R. Ils doivent savoir exécuter avec précision le
maniement d'armes qui leur est particulier, ainsi
que celui du soldat ; bien connaître les principes
de la marche ; savoir parfaitement la décomposition
du maniement des armes. Ils doivent être instruits
de tout ce qui concerne les manœuvres, connaître
parfaitement les places qu'ils doivent occuper, soit
en bataille, soit en colonne ; faire tous les commandemens avec uniformité et du même ton de voix. Ils
doivent savoir exécuter les feux, pour être en état
d'instruire les soldats et de les dresser ; observer
ceux qui se négligent, les noter pour les renvoyer
au peloton d'instruction. Lorsqu'ils instruisent les
soldats, ils doivent les traiter avec douceur, à moins
qu'ils ne découvrent de la mauvaise volonté et de la
mutinerie ; ils doivent leur expliquer avec beaucoup
de patience les différentes choses qu'ils veulent leur
apprendre. On les maltraite souvent pour n'avoir
pas exécuté ce qu'ils n'ont pas conçu. On suivra
exactement dans l'instruction la gradation prescrite
par l'ordonnance d'exercice pour l'école du soldat.

DEVOIR

DES SERGENS DE GARDE.

D. Que doit faire un sergent en arrivant au poste ?

R. Il s'abouchera avec celui qui descendra la garde, recevra la consigne, se la fera répéter plusieurs fois, afin d'être sûr de la retenir, et que celui qui l'a donnée n'oublie rien. Il tiendra la main à ce que les caporaux de consigne ou de pose, s'acquittent avec exactitude de leurs fonctions, soit pour s'emparer du corps-de-garde, soit pour relever ou poser les sentinelles. Il doit, avant que les soldats posent les armes, voir si elles sont en bon état, et défendre aux sol ats de s'écarter sans permission ; il doit ensuite prendre le caporal de pose, aller avec lui visiter les sentinelles pour leur faire répéter leur consigne, s'assurer si elles la savent bien, et les redresser si elles y manquent ; les instruire sur les choses qu'elles peuvent ignorer. Les sergens liront attentivement les consignes des corps-de-garde tout haut ; ils ne pourront jamais quitter leur poste.

D. Que doivent faire les sergens de garde au point du jour ?

Si c'est en campagne, ils doivent tenir leurs postes éveillés une heure avant le point du jour : si c'est en garnison une demi-heure avant l'ouverture des portes; ils feront brosser les cheveux de leurs soldats ; arranger leurs cols, leurs guêtres ; ils visiteront les armes, y feront passer la pièce grasse, et les feront essuyer avec un linge sec : ils s'occuperont de tout ce qui peut contribuer à la propreté, au bon ordre et à la discipline de leur garde. Ils ne permettront jamais à aucun soldat de retourner à leur compagnie, sous prétexte de redoubler la garde, cela étant défendu et contraire au service autant qu'à la santé. Les caporaux qui commanderont des postes, ou qui feront le service de sergent, se conformeront à ce qui vient d'être prescrit.

INSTRUCTION
Particulière pour les Caporaux.

D. *Qu'est-ce qu'un caporal ?*

R. C'est un des sous-officiers d'une compagnie, qui en commande une partie qu'on nomme escouade.

D. *Qu'est-ce qu'une escouade, et de combien d'hommes est-elle composée ?*

R. Une escouade est la dixième partie d'une compagnie ; elle est composée d'un caporal et de dix à douze fusiliers.

D. *Quelles sont les qualités qui forment un caporal ?*

R. L'intelligence, la fermeté, la connaissance de ses devoirs, et l'exactitude dans les moindres détails de son service.

D. *Quelles sont les principales fonctions d'un caporal relativement à son escouade ?*

R. Un caporal est responsable de la discipline, de la tenue et instruction de tous les soldats qui lui sont subordonnés.

D. *En quoi consiste la bonne discipline ?*

. *R.* En ce que la subordination soit établie de grade en grade, que le soldat regarde son caporal comme son premier chef, et qu'il en soit de même du caporal vis-à-vis son sergent ; que tout se fasse dans le plus grand ordre ; ne pas souffrir la moindre négligence, punir celui qui tombe en faute ; et qu'aussitôt qu'un ordre est donné, il soit exécuté.

TENUE.

D. *Quel est le devoir d'un caporal relativement à la tenue de son escouade ?*

R. Il doit avoir une attention perpétuelle sur tous les objets qui y ont rapport ; observer lorsque le soldat rentre pour manger la soupe, s'il n'a pas fait de dégradations à son habillement, et s'il est arrangé de tout point dans l'uniformité prescrite ; il ne lui permettra pas de ressortir qu'il n'ait tout réparé ; si la dégradation était considérable, il doit en avertir le sergent.

Le caporal doit aussi avoir un état du linge des soldats de son escouade ; veiller à ce qu'ils n'égarent ou ne changent rien de leurs effets ; dans la visite qu'il en fera le samedi, il verra si le soldat a soin de réparer son linge, cette attention contribuant beaucoup à en prolonger la durée.

D. *Quel doit être le premier soin du caporal en se levant ?*

R. De faire lever les soldats, de faire ouvrir les fenêtres, si le temps le permet, pour renouveler l'air, de les faire peigner, laver les mains et le

visage,

visage, et les faire mettre de tout point dans l'état
de propreté qui convient; n'en laisser sortir aucun
qu'il n'ait réparé ce qui peut y avoir de gâté à son
habillement; ne pas souffrir qu'il y ait rien de
décousu, ni le plus petit accroc; faire enlever les
taches, soit avec du savon, ou une pierre à déta-
cher, employés avec de l'eau propre; ne pas permettre qu'on emploie d'autres moyens pour blan-
chir les habits; il faut qu'ils aient les cheveux bien
brossés; qu'ils soient bien arrangés sur eux. Le
caporal doit avoir attention que sa chambre soit
toujours propre, que rien ne traîne, que chaque soldat ait son sac attaché au-dessus de son
lit, que sa giberne et son ceinturon soient au-
dessus de son sac suspendus au même clou, ainsi
que son schako, et un écriteau avec son nom au-
dessus, afin que d'un coup d'œil, quand il fait
mauvais temps, on puisse faire l'inspection de
l'armement et équipement du soldat.

Le caporal sera armé de son sabre lorsqu'il fera
l'inspection des soldats de garde, et se conformera
en tout à ce qui est prescrit aux sergens.

D. *Que doit observer le caporal quand il arrive
quelque recrue dans son escouade?*

R. Il doit suivre sa conduite de près pour s'assurer s'il n'a point servi dans d'autres régimens,
auquel cas, il en avertira son sergent; étudier
son caractère, et tâcher de découvrir ses défauts,
ainsi que ses bonnes qualités; il doit aussi le
faire équiper, prendre un état de ses effets, lui
montrer à se coiffer, à se guêtrer et s'habiller;
l'instruire du respect qu'il doit aux sous-officiers et
aux officiers, lui apprendre la manière de les
saluer, pour les officiers supérieurs du régiment,
et le capitaine commandant de sa compagnie, en
portant la main au schako, et l'y laissant jusqu'à

E

ce qu'il ait dépassé les autres officiers qu'il salue ; il doit lui recommander de se lever, s'il est assis ; c'est au caporal à lui apprendre à connaître toutes les parties de son équipement, à l'instruire du soin qu'il doit prendre de son habillement, de la manière d'entretenir ses armes, de monter et démonter la platine de son fusil. Il doit lui inspirer l'amour de ses devoirs, le goût de la propreté, pour l'accoutumer peu-à-peu à prendre soin de sa personne, et à paraître toujours dans un état convenable.

D. A quoi doivent être employés les jours de repos que l'on donne aux soldats avant de leur faire faire aucun service ?

R. A les instruire de la manière dont ils doivent monter la garde et être en faction ; de l'exactitude avec laquelle ils doivent recevoir et exécuter leur consigne. Il faut observer de ne leur faire monter leur première garde, que quand ils sauront bien exécuter les temps de l'inspection ; et, autant qu'il se pourra, avec le caporal qui est particulièrement chargé de leur faire comprendre ce qu'ils doivent faire.

.D Quels soins doit prendre le caporal pour la propreté pendant la nuit ?

R. Empêcher les soldats de coucher sans bonnet, ou avec des bonnets uniformes, chaque soldat doit avoir son serre-tête ; il doit aussi les faire déshabiller entièrement, et ne souffrir sous aucun prétexte qu'ils gardent dans le lit leurs bas, vestes ou culottes.

APPELS.

D. *Quel est le devoir du caporal relativement aux appels ?*

R. Si c'est de jour, il doit faire sortir les soldats de son escouade, les faire mettre en haie, les appeler noms pas noms, et s'assurer que personne ne sorte après l'appel pendant la nuit.

ORDINAIRE.

D. *Quels sont les devoirs du caporal chef d'ordinaire?*

R. C'est d'administrer et d'économiser avec fidélité l'argent qui lui est confié pour la nourriture de ses soldats ; de ménager de son mieux les intérêts dont il est chef: pour cet effet, il doit tenir un état exact de la dépense sur un livre destiné à cet usage.

D. *Quelle attention doit-il avoir par rapport aux vivres?*

R. Il doit se donner tous les mouvemens nécessaires pour s'en procurer à bon marché et de bonne qualité, soit en les achetant à la campagne, soit en se levant matin pour les avoir à un prix modique.

D. *Quels sont les alimens dont il doit éviter l'usage.*

R. Il doit user rarement de salaison, la viande fraîche et les légumes valent mieux pour la santé. Dans la saison des fruits, il doit tenir la main à ce que les soldats n'en fassent pas excès, et n'en mangent pas de verds et de mauvaise qualité.

E 2.

D. *Quelles précautions doit-il prendre pour la propreté de son ordinaire ?*

R. Il doit veiller avec soin à ce que le cuisinier nettoie exactement tous les ustensiles dont il se sert, à ce que les cruches, bidons soient toujours propres ; à ce que l'on n'emploie pour boire que l'eau reconnue pour la meilleure ; dans les pays où elle est mal saine, il pourra y remédier en faisant mettre un verre de vinaigre sur huit à dix pots d'eau, et à ce défaut la faire bouillir, ou faire rougir un fer qu'il fera tremper dedans.

D. *De quelle manière un chef d'ordinaire doit-il aller au marché ?*

R. Il doit avoir son habit et son sabre, mener avec lui un ou plusieurs soldats, en bonnets et en vestes, pour emporter les provisions, soit dans un sac, soit dans une gamelle, si c'est de la viande.

EXERCICE.

D. *Quel est le devoir du caporal relativement à l'exercice ?*

R. Il doit être instruit de même que le sergent, et savoir exécuter avec précision le maniement d'armes qui lui est particulier, et celui du soldat : il doit connaître la place qu'il doit occuper dans toutes les circonstances, lorsqu'il doit remplacer un sergent; faire tous ses commandemens d'une voix ferme et avec précision; exiger la plus grande attention du soldat, et la plus parfaite immobilité, lorsqu'il l'instruit ; il doit suivre exactement la gradation de l'école, et ne lui montrer que les temps l'un après l'autre conformément aux ordres donnés pour le régiment.

DE L'ORDRE.

D Quels sont les devoirs du caporal par rapport à l'ordre ?

R. Il doit, à l'heure indiquée, se joindre avec les sous-officiers du régiment, être armé de son fusil, avoir sa giberne, son ceinturon, son sabre et sa bayonnette. Quand on forme le cercle, il doit le faire à quatre pas derrière le sergent-major ou le sergent de sa compagnie : écouter attentivement ce qui se dit, soit au grand cercle, soit au cercle particulier, pour être en état de le répéter et de l'expliquer aux soldats de son escouade.

DEVOIR DU CAPORAL

Etant de garde avec un Officier.

S'il est le plus ancien, il sera nommé caporal de consigne. Son premier soin sera de visiter avec celui de l'ancienne, le corps-de-garde, les tables, vitres, falot, capotes, guérites, et toutes les choses consignées, pour voir si elles sont en bon état, ou s'il y aura été commis quelques dégradations, auquel cas, il en rendra compte au commandant du poste, qui en fera avertir l'adjudant de la place, pour les faire

E 3

réparer aux dépens des officiers ou sous-officiers de la garde descendante.

PATROUILLES.

Le caporal doit mener en ordre et en silence les grenadiers ou fusiliers qu'il commande, arrêter tous ceux qui font du désordre, ou les soldats qui, après la retraite battue, se trouvent dans les rues, même sans y faire du bruit, et les conduire au corps-de-garde de la place. Il doit aussi examiner, tant en allant qu'en revenant, toutes les sentinelles posées sur son chemin : il déclarera dans son rapport au commandant du poste, celle qu'il n'aura pas trouvée en règle.

DEVOIRS DU SOLDAT.

D. Quelles sont les qualités qui forment un bon soldat ?

R. La bravoure, le courage, l'obéissance respectueuse à ses officiers et sous-officiers, la fermeté pendant le temps de son service, la connaissance de ses devoirs et la plus grande exactitude à les bien remplir.

D. Quels sont les différens objets qu'embrassent les devoirs du soldat ?

R. La discipline, la tenue et l'instruction.

D. *Quels sont les devoirs du soldat relativement à la discipline ?*

R. Il doit regarder son caporal comme son premier chef, le respecter et lui obéir ; aussitôt qu'il a reçu un ordre, l'exécuter avec l'exactitude la plus scrupuleuse, et toujours sans murmurer, quelque rigoureux qu'il soit.

D. *Quels sont les devoirs du soldat relativement à la tenue ?*

R. Il doit contracter le goût de la propreté, s'il ne l'a pas particulièrement sur sa personne, ensuite prendre un soin particulier de son habillement, armement et équipement, de façon que l'on n'aperçoive jamais la moindre tache sur ses habits, la moindre rouille sur ses armes, et que son équipement soit toujours dans le meilleur état, sa giberne bien lissée, et sa banderole bien blanche.

D. *Quels sont les soins à employer pour l'entretien de l'habillement ?*

R. De ne point tirer des armes, de ne porter aucun fardeau, et de ne point travailler avec son habit ; de ne point se servir de blanc, ni de craie, de le battre souvent avec un fouet de peau, et le vergeter après ; d'enlever les taches avec de l'eau chargée de savon, et bien laver la place avec de l'eau claire, après avoir enlevé la tache.

D. *Quel moyen doit prendre le soldat pour les menues réparations ?*

R. Il faut que chaque homme rassure lui-même ses boutons et agraffes, et fasse les petites coutures faciles, afin d'éviter les dégradations.

D. *Quels sont les moyens de tenir les armes en bon état ?*

R. Il faut les voir souvent, pour ôter avec le polissoir les petites taches de rouille qui paraîtront se former, mettre de temps en temps des goutes d'huile à la batterie, au bassinet et au bout de la vis. Il ne faut pas démonter le fusil sans nécessité ; si on le démonte pour l'éclaircir en entier, ou pour laver le canon, ne démonter pas plus de deux pièces à la fois, et remonter chaque pièce dès qu'elle est nettoyée, afin d'éviter la confusion et les pertes ; n'employer, pour éclaicir les armes, que de la paille de fer, de la brique bien pulvérisée, ou de la cendre bien passée, et ne démonter la batterie que par nécessité.

D. *Quels sont les devoirs du soldat relativement à l'instruction ?*

R. Il doit savoir exécuter parfaitement le maniement des armes, et marcher tous les différens pas, en connaître tous les principes, ceux relatifs à la manœuvre, soit dans les files, soit dans les rangs; il doit sur-tout observer la plus parfaite immobilité quand il est sous les armes, et avoir la plus grande attention au commandement. Il doit aussi, pour ne pas oublier le maniement des armes, manier son fusil dans la chambre, où quand il est de garde, faire les différens temps, s'exercer, sur-tout aux plus difficiles, et s'habituer à bien charger ses armes et très-promptement. C'est par cet exercice journalier, qu'il parviendra à acquérir cette adresse et cette grace sous les armes qui le fera distinguer de ses officiers.

D. *Que doivent observer les soldats lorsqu'ils rencontrent des officiers dans les rues ?*

R. Ils les salueront tous, en portant la main droite à plat sur le côté droit du schako.

DES HONNEURS

à rendre par les gardes.

Le commandant d'une garde lui fera prendre les armes pour le ROI, les Princes, les grands Dignitaires, les Ministres, les grands officiers du Royaume, Conseillers-d'Etat, Généraux, et pour les Cardinaux, Archevêques et Evêques; pour les troupes ou rassemblement considérable de personnes quelconques.

Il fera présenter les armes et battre aux champs pour le ROI.

Il fera porter les armes et battre aux champs pour les Princes, les grands Dignitaires, les Ministres, les grands officiers du Royaume. Les sentinelles présenteront les armes.

Il fera porter les armes et rappeler pour les Conseillers-d'Etat, Généraux en chef, les Lieutenans-Généraux, et pour les Cardinaux, Archevêques et Evêques. Les sentinelles présenteront les armes.

Il fera porter les armes pour les Maréchaux-de-Camp, et le tambour sera prêt à battre. Les sentinelles présenteront les armes.

Le poste de la Préfecture prendra les armes pour le Préfet. Tous les factionnaires seront tenus de lui porter les armes.

Il fera prendre les armes pour le commandant de la place. Si le commandant est officier-général , la garde lui rendra les honneurs dus à son grade ; mais s'il a un grade inférieur à celui de Maréchal-de-Camp , la garde se reposera sur les armes.

Pour les officiers supérieurs de visite de poste , le commandant d'une garde la fera reposer sur les armes , et attendra les ordres de l'officier de visite.

Une garde ne portera les armes , et le tambour ne battra aux champs , pour une troupe qui passe devant elle , qu'autant que cette troupe aura l'arme portée et que ses tambours battront ; dans le cas contraire , le poste restera l'arme au bras.

Les gardes , ne prenant les armes dans les cas d'attroupement que pour leur propre sûreté , garderont l'arme au bras.

FIN.

www.ingramcontent.com/pod-product-compliance
Lightning Source LLC
Chambersburg PA
CBHW070955280326
41934CB00009B/2070